VASCO DE GAMA

La apertura de la Ruta de las Indias
y la expansión portuguesa

Por Thomas Melchers
En colaboración con Ludivine Péchoux
Traducido por Marina Martín Serra

Historia en50MINUTOS.es

VASCO DE GAMA

DATOS CLAVE

- **¿Nacimiento?** En 1460 o en 1469 en Sines (Portugal)
- **¿Muerte?** En 1524 en Cochín (la India)
- **¿Objetivo de la expedición?** El descubrimiento de una ruta marítima hacia la India y la búsqueda de especias
- **¿Regiones del mundo exploradas?**
  - Primer viaje (1497-1499): el sur de África, Mozambique, Kenia, Somalia y la India
  - Segundo viaje (1502-1503): Mozambique, Kenia y la India
  - Tercer viaje (1524): la India
- **¿Principal aportación?** Establecimiento de una ruta marítima directa desde Europa hacia la India y Asia, rodeando África

INTRODUCCIÓN

Vasco de Gama, junto con Cristóbal Colón (navegante genovés, 1450/1451-1506) y Magallanes (navegante portugués, 1480-1521), es uno de los exploradores europeos más famosos de su época. Nacido en los años 1460, este navegante portugués abre por primera vez una ruta marítima directa que conecta Europa con Asia. Tras haber rodeado el continente africano, alcanza la costa occidental de la India a finales del siglo XV, lo que tendrá importantes consecuencias para el comercio de especias. De hecho, hasta la caída de Constantinopla en 1453, los productos exóticos, como la seda y algunos productos alimentarios, son transportados a Europa a través de las repúblicas marítimas italianas que comercian con los mercaderes árabes. Pero el crecimiento del Imperio otomano y el aumento de los impuestos sobre los intercambios hacen que este comercio sea cada vez más insostenible, lo que incita a los Estados europeos a acudir directamente a la fuente para conseguir especias.

En este contexto, Vasco de Gama emprende sus tres viajes hacia Asia y la India por vía marítima. Lo hace con motivaciones diversas, entre las que destacan la exploración, la defensa de los intereses portugueses y la administración de la India portuguesa. Tras muchos tropiezos, logra sentar las bases del Imperio colonial portugués gracias al establecimiento de muchas factorías.

BIOGRAFÍA

Retrato de Vasco de Gama por Antoine Maurin, *c.* 1835.

AL SERVICIO DE LA CORONA PORTUGUESA

Vasco de Gama nace en 1460 o en 1469 en el suroeste de Portugal, en una pequeña ciudad costera llamada Sines. Sus padres, Esteban de Gama e Isabel Sodré, proceden de una familia de la baja nobleza portuguesa y tienen tres hijos y una hija.

En el momento de iniciar sus estudios, de Gama deja su ciudad natal para ir a Évora (en el sur de Portugal). En ese momento el joven hombre sirve los intereses de la corona portuguesa, participando en numerosos conflictos en el norte de África. En 1942, dirige una pequeña expedición naval y es elegido, cinco años más tarde, para establecer la primera ruta comercial hacia las Indias. Resulta difícil saber con exactitud las razones que motivaron su designación para un puesto semejante, puesto que se tiene muy poca información sobre su juventud.

DE CAMINO A ASIA

En 1947, Vasco de Gama se marcha de Lisboa para establecer una ruta hacia las Indias. Necesitará 11 meses para rodear África y llegar, en mayo de 1948, al sur de la península india. En Calicut, encuentra al zamorín Samutiri Manavikraman, jefe local y máxima figura del comercio de especias, con el que mantiene relaciones bastante conflictivas. A pesar de las tensiones, el navegante logra llevarse una gran cantidad de especias y de piedras preciosas en sus bodegas, y vuelve a Lisboa en 1499, convirtiéndose en el primer navegante que conecta Europa con el subcontinente indio por mar. Gracias a esta hazaña recibe el título de almirante de las Indias.

Vasco de Gama ante el zamorín de Calicut, cuadro de Veloso Salgado, 1898.

En 1502, el rey de Portugal, Manuel I (1469-1521), confía una nueva misión a Vasco de Gama: se trata de eliminar la competencia de los comerciantes musulmanes, de hacer ceder al zamorín de Calicut y de llevar a cabo alianzas con las ciudades rivales. Así pues, el explorador se lanza hacia una verdadera conquista. Para conseguir su misión, de Gama no duda en usar la fuerza, lo que será perjudicial para él: cae en desgracia y se retira con los suyos al norte del Alentejo (Portugal).

LA ÚLTIMA EXPEDICIÓN

Hay que esperar al año 1524 para que el explorador lleve a

cabo una nueva expedición hacia la India. Con los favores del rey de Portugal, Vasco de Gama es nombrado virrey de la India portuguesa, donde tiene que restaurar los intereses de la Corona, erradicar la corrupción y proteger las factorías. Pero la muerte se lleva al explorador tres meses más tarde, mientras que las reformas de la India portuguesa están en curso, lo que impide que sus adversarios organicen un derrocamiento.

Poco tiempo después de su muerte, se convierte en una figura histórica imprescindible de Portugal, en especial gracias a los numerosos autores que loaron sus proezas, como el poeta Luís de Camões (1525-1580).

CONTEXTO POLÍTICO, SOCIAL Y ECONÓMICO

EUROPA A LA CONQUISTA DEL MUNDO

La segunda mitad del siglo XV representa un período de cambios significativos para Europa. Se trata de cambios geopolíticos, a los que se añaden las necesidades económicas, que hacen que varios estados del viejo continente se lancen al océano Atlántico en busca de nuevas rutas marítimas y de las riquezas que abundan en otras naciones. Pero el detonante de esta expansión europea no es otro que la caída de Constantinopla en 1453. Ese año, Mehmed II (sultán otomano 1432-1481) toma Constantinopla y precipita el fin del Imperio bizantino, heredero del Imperio romano de Oriente. Las consecuencias de la caída de la ciudad no son directamente perceptibles para el resto de Europa, pero no por ello son menos importantes. Los productos exóticos (seda, colorantes, especias, etc.) procedentes del océano Índico son, de hecho, exportados por los comerciantes árabes en los puertos del Mediterráneo oriental y en las factorías italianas. Pero con el crecimiento del Imperio otomano, los impuestos sobre estos productos son cada vez más altos, lo que provoca que algunos países europeos lleven a cabo expediciones para evitar los intermediarios árabes.

LAS ESPECIAS

Una de las principales motivaciones de las expediciones portuguesas es la adquisición de especias. Conocidas desde la Antigüedad, la canela, el jengibre, la nuez moscada, el cardamomo, el clavo o la pimienta negra son consideradas en su momento como artículos de lujo. Utilizadas en la alimentación para disimular el sabor de carnes mal conservadas y todavía más en la medicina para la fabricación de remedios, las especias poseen un valor incalculable para cualquier Estado que comercie con ellas.

Pero las especias no son la primera motivación para las exploraciones marítimas realizadas por los portugueses. Como la mayoría de los Estados europeos del siglo XV, Portugal sufre un déficit de metales preciosos. La plata extraída de las minas de Europa central y el oro de Guinea ya no bastan para satisfacer las necesidades asociadas con el crecimiento de la población, los intercambios comerciales y las crecientes necesidades militares. Por lo tanto, Portugal debe encontrar una nueva fuente de suministro de metales preciosos y se lanza a la conquista de las costas de Guinea para apoderarse directamente del oro.

LAS EXPEDICIONES PORTUGUESAS EN EL MAR

El que los portugueses pongan en marcha exploraciones marítimas rápidamente, abriendo la era de los grandes des-cubrimientos, se debe sobre todo a su situación geográfica. De hecho, sus costas en el océano Atlántico permiten que los navegantes ganen mucha experiencia de navegación. Pero, en ese momento, aventurarse en los mares es una empresa que los europeos temen. A pesar de los temores y otras supersticiones que rodean las expediciones marítimas, los marineros portugueses se hacen a la mar para ampliar los límites del mundo conocido.

A partir de 1420, el segundo hijo del rey Juan I (1357-1433), el príncipe Enrique de Portugal (1394-1460), llamado el Navegante, finanza muchas misiones de exploración de las costas africanas. En calidad de mecenas, quiere llegar a las regiones auríferas del Golfo de Guinea. Pero los navíos que finanza no irán más allá del Cabo Verde, alcanzado en 1445. Su muerte, 15 años después, provoca una ralentización del ritmo de las exploraciones que durará varios años. El Ecuador no se alcanzará hasta 1475, y habrá que esperar la entronización del rey Juan II (1455-1495) en 1481 para ver un retorno de las exploraciones, que han pasado a ser una verdadera prioridad para la Corona. Es bajo su reinado que, entre 1483 y 1486, se exploran la desembocadura del Congo y las costas de Namibia y que, tres años más tarde, Bartolomé Díaz (1450-1500) alcanza el cabo de las Tormentas, que pasará a llamarse cabo de Buena Esperanza.

Pero todos estos descubrimientos no habrían sido posibles sin los numerosos progresos de la navegación durante estos últimos años. Innovaciones como el timón de codaste, la brújula, el portulano, la vela latina triangular o el astrolabio, cambian por completo la navegación e influyen enormemente en los navegantes portugueses. En este sentido, desarrollan la carabela entre 1420 y 1440. Equipado con una vela triangular y un timón de codaste, este barco de pequeñas dimensiones puede transportar hasta 150 toneladas.

Su gran maniobrabilidad y su capacidad de navegar por los vientos hacen que sea el barco predilecto para rodear África y llegar a la India.

EL DESCUBRIMIENTO DE LA INDIA

A finales del siglo XV, la mayoría de lo que los europeos conocen de Asia procede de los escritos de Marco Polo (1254-1324), famoso comerciante veneciano que siguió la ruta de la seda hasta China. A través de su historia, los europeos son conscientes de la existencia de la misteriosa Catay (nombre dado al norte de China) y de Cipango (Japón), lugares que despiertan su curiosidad. En cuanto a la India, los europeos la conocen desde la Antigüedad gracias a las conquistas de Alejandro Magno (356-323 a. C.). Sin embargo, desconocen la ubicación exacta de estos territorios.

Cuando Vasco de Gama penetra en el océano Índico, una parte desconocida del mundo se ofrece a los europeos, que piensan que va a ser un lugar donde viven muchos cristianos. Pero en el terreno, se ven enfrentados a una realidad completamente distinta: los musulmanes son mucho más numerosos de lo previsto. Todas sus esperanzas se centran entonces alrededor del mítico reino del Preste Juan que muchos imaginan encontrar en Etiopía. Los cristianos esperan aliarse con este reino para que el mundo musulmán sufra un importante revés.

LAS EXPEDICIONES

EL PRIMER VIAJE (1497-1499)

En 1497, el rey de Portugal, Manuel I, escoge a Vasco de Gama para encabezar una expedición cuyo objetivo es establecer una ruta marítima que conecte Portugal con la India. Mientras los objetivos que debe alcanzar la expedición tienen una importancia vital, nadie sabe por qué la misión se le confía a un navegante que, hasta ese momento, es bastante desconocido.

Manuel I confía a Vasco de Gama el encargo de descubrir la India, grabado de Mauricio José do Carmo Sendim, *c.* 1839.

El 8 de julio de 1497, Vasco de Gama sale del estuario del Tajo a la cabeza de cuatro navíos. La expedición financiada por la Corona está formada por tres carabelas y un barco de suministro:

- el San Gabriel, capitaneado por Vasco de Gama;
- el San Rafael, capitaneado por Paulo de Gama (fallecido en 1499), el hermano de Vasco;
- el Berrio, capitaneado por Nicolás Coelho (fallecido en 1504).

Cuando los cuatro navíos zarpan, llevan a bordo unos 160 hombres, algunas piezas de artillería y muestras de especias, oro y perlas, necesarias para que los indígenas que encuentren les puedan indicar los lugares donde podrían obtenerlos.

El viaje a la India tiene una duración de 11 meses, pero la travesía se ve interrumpida por varias paradas para reparar los navíos y abastecerse de provisiones y agua. El 27 de julio, la expedición llega al Cabo Verde, donde la tripulación puede descansar. Ocho días más tarde, los cuatro barcos zarpan en alta mar, hacia el suroeste. Los vientos empujan las naves portuguesas a unos pocos cientos de kilómetros de la costa brasileña, hasta que Vasco de Gama decide regresar hacia el sureste. De esta forma, rompe con la ruta tomada varios años antes por el navegante Bartolomé Díaz, que había bordeado la costa de África para alcanzar el cabo de Buena Esperanza. El trayecto que toma de Gama se basa en apoyarse en los vientos presentes en el océano Atlántico, los vientos alisios.

LA IMPORTANCIA DE LOS VIENTOS ALISIOS

Los vientos alisios están presentes en el norte y el sur del Atlántico. Sin entender las razones de su presencia, los portugueses seguirán su movimiento. Cuando Vasco de Gama entiende que los vientos alisios soplan desde el sureste hacia el noroeste en el hemisferio sur, decide evitar los vientos contrarios alejándose de la costa africana y navegando hacia el oeste.

Después de tres meses de navegación en alta mar sin ver la costa, los barcos atracan el 8 de noviembre en la bahía de Santa Elena, que está al norte del cabo de Buena Esperanza (al que llegarán un poco más tarde, el 22 de noviembre). Poco después, queman el barco de suministro en Sudáfrica y las provisiones restantes se dividen entre las tres carabelas, que ahora pueden comenzar su ascenso hacia la India. Por el camino, la tripulación se detiene dos veces a la altura de Mozambique, donde se encuentra por primera vez con los locales, los bantúes. Estas escalas también constituyen una oportunidad para llenar las bodegas de agua fresca y fruta para luchar contra el escorbuto, que causa estragos entre los marineros. Durante los tres meses restantes de travesía, Vasco de Gama llega primero, en abril, a Mombasa (puerto de Kenia), lugar en el que reciben a la tripulación con hostilidad, y luego a Malindi (ciudad de Kenia), donde les reciben con más hospitalidad. El capitán da la bienvenida a bordo a un piloto gujarati cuyos valiosos conocimientos permiten guiar a los tres barcos entre las islas y los arrecifes hasta la costa de Malabar. El 18 de mayo de 1498, la expedición llega finalmente a Calicut.

Durante tres meses, las carabelas portuguesas se quedan en Calicut, una ciudad hindú por la que transitan muchos comerciantes musulmanes. Pero Vasco de Gama es muy desconfiado tras los recibimientos que la población local les ha brindado, a veces gélidos. La situación no mejora mucho porque los comerciantes musulmanes, que ven con malos ojos la llegada de los portugueses a su lugar de trabajo, los hacen pasar por corsarios bárbaros a ojos del jefe local, el zamorín Samutiri Manavikraman. Por tanto, hay que esperar que las tensiones disminuyan para que la tripulación pueda salir del barco. Esta, sin embargo, logra llenar las bodegas de productos exóticos y de perlas. Sin embargo, la situación empeora todavía más cuando Vasco de Gama expresa al zamorín su deseo de dejar a varios hombres en Calicut. Finalmente, la tensión estalla cuando cada bando toma rehenes para presionar a sus adversarios. Las carabelas acaban huyendo el 29 de agosto.

Vasco de Gama recibido por el zamorín Samutiri Manavikraman, grabado de Mauricio José do Carmo Sendim, c. 1839.

Se necesitan tres semanas para que la expedición llegue a la isla de Angediva (mar de Arabia), donde la tripulación hace una parada antes de iniciar el camino de vuelta a Europa. Pero el resto del viaje no se anuncia fácil. De hecho, el descenso hacia el cabo de Buena Esperanza es una de las partes más difíciles del viaje y la tripulación, diezmada por el escorbuto, se ve obligada a abandonar el San Rafael por falta de hombres. Alcanzan el cabo el 20 de marzo de 1499 y, el 10 de julio, Nicolás Coelho llega el primero a Portugal. Por su parte, Vasco de Gama tiene que parar en las Azores para curar a su hermano enfermo, pero en vano. Volverá a Portugal a finales de agosto.

EL SEGUNDO VIAJE (1502-1503)

En 1502, Manuel I elige de nuevo a Vasco de Gama para que emprenda una nueva expedición hacia el océano Índico y la India. En esta ocasión, el objetivo es diferente: se tratará de someter, voluntaria o involuntariamente, a los reyes africanos y al zamorín de Calicut.

El 10 de febrero de 1502, 20 barcos salen hacia África. Allí, Vasco de Gama debe usar la fuerza para someter al rey de Kilwa (actual isla de Kilwa Kisiwani en Tanzania), que es el primero en pagarle un tributo a la corona portuguesa, mientras que el de Malindi acepta más fácilmente la propuesta de los portugueses.

La situación en la India es totalmente diferente. De hecho, la expedición dirigida por Cabral entre 1500 y 1501 sufre muchos ataques de Calicut, incluyendo la toma de su factoría por los comerciantes musulmanes. La expedición a la India toma así la forma de una misión de castigo contra Calicut y comerciantes musulmanes.

Antes de llegar a la costa de Malabar, ya se ha decidido el

tono que tendrá la expedición: será implacable. Así, cuando los portugueses interceptan, en septiembre, un barco musulmán que regresaba de La Meca con peregrinos a bordo, muestran su crueldad por primera vez. De Gama rechaza los tributos ofrecidos por los cautivos a cambio de sus vidas y ordena hundir el barco con sus pasajeros. Sin embargo, las atrocidades no se detienen aquí: en octubre de 1502, los portugueses llegan a la India, y la ciudad de Calicut sufre su ira como venganza por la destrucción de la factoría instalada en 1500 por Cabral y la muerte de sus 50 miembros. Como el zamorín no les ofrece una compensación, cincuenta pescadores indios son capturados, torturados y luego ahorcados delante de la ciudad. Después de eso, Calicut es el blanco de los disparos de la artillería portuguesa y pierde muchos brahmanes, religiosos hindúes pertenecientes a la casta más alta, que también son ahorcados por los portugueses.

A continuación, la tripulación se dirige a las afueras de Cochín y Cananor (respectivamente al sur y al norte de Calicut), donde el final del viaje parece que será más tranquilo. De hecho, tratando de escapar del control del zamorín, estas dos ciudades indias tejieron vínculos muy valiosos con Cabral en su primer viaje. Aprovechando estas relaciones favorables, Vasco de Gama decide fundar allí una segunda factoría o *feitoria*, que establece en Cochín. La ciudad se convierte entonces en el centro de las expediciones portuguesas hasta que se funda la factoría de Goa. A pesar de un regreso triunfal a Portugal con 1600 toneladas de especias, apartan a Vasco de Gama de la empresa colonial debido a la crueldad mostrada durante la expedición.

EL ÚLTIMO VIAJE (1524)

Veinte años después del segundo viaje de Vasco de Gama, el Imperio portugués ha crecido considerablemente en el océano Índico: se han construido muchas *feitorias* y Portugal controla ahora las rutas marítimas más importantes del comercio de especias, con la excepción del mar Rojo.

En 1523, el sucesor de Manuel I, el rey Juan III (1502-1557), llama a de Gama a la Corte, mientras que otros estados comienzan a amenazar los intereses portugueses en esta parte del mundo: la primera vuelta al mundo realizada por los españoles marca su llegada a las islas Molucas, ricas en clavo y nuez moscada y donde los portugueses están presentes desde los años 1510. A esto se le añade la incompetencia del gobernador portugués Duarte de Menezes (*circa* 1488-1539) en la gestión del *Estado da Índia*. Además, la corrupción es omnipresente en todo el imperio. Todo esto impulsa a Juan III a nombrar a Vasco de Gama virrey y a enviarlo de nuevo en Asia.

De Gama zarpa en abril de 1524 a la cabeza de una flota de 14 barcos y llega en septiembre a Goa, convertida en la capital del imperio en Oriente. Una vez allí, nombra a nuevos responsables, entre ellos sus dos hijos, para los puestos clave de la administración. Sin embargo, tres meses después de su llegada, contrae la malaria y muere el día de Navidad sin haber logrado reformar la administración.

REPERCUSIONES

UNA NUEVA ORGANIZACIÓN COMERCIAL

Tras su implantación en Asia, la organización comercial portuguesa se pone en marcha poco a poco. Esta se basa en tres elementos:

- las *feitorias* son las factorías implantadas en el perímetro del océano Índico, desde Mozambique hasta las Molucas. Sirven de centros de compra de productos exóticos, por lo que los navíos se abastecen en ellas antes de volver a Lisboa;
- la *Casa da Índia* es el centro de recepción de los productos enviados desde Asia. Su papel es el de controlar el conjunto del comercio, es decir, las importaciones y las exportaciones, el control de las mercancías y su reparto;
- la *feitoria* de Amberes es el último escalón de la organización comercial. La ciudad de Flandes es uno de los grandes centros financieros de la época y recibe un gran número de mercancías que esperan encontrar compradores. A cambio de estos productos exóticos, los navíos devuelven productos necesarios para su sociedad como cereales, textiles, metales y monedas.

NUEVAS RELACIONES DE FUERZA EN EL MEDITERRÁNEO

Los acontecimientos que tienen lugar durante las primeras expediciones portuguesas en Asia tienen un impacto directo en el mundo musulmán. En el este del Mediterráneo, se reavivan las hostilidades entre las naciones cristianas y el Imperio otomano, y el sultán de los mamelucos de Egipto amenaza a Portugal con represalias si continúan las hostilidades en la costa de Malabar. Frente a estas tensiones crecientes, Manuel I decide reforzar su presencia en el océano Índico enviando a un virrey o a un gobernador, y levantar fortalezas en lugares clave para garantizar el comercio y eliminar la competencia musulmana. De esta política de defensa se derivan la expansión portuguesa en Asia, la creación de las diferentes factorías y el dominio de los principales itinerarios que conducen a las especias. Así pues, Vasco de Gama está en el origen del proceso de colonización en Asia, que no se terminará hasta el siglo XX.

La sustitución de una gran parte de los comerciantes musulmanes en el océano Índico por los portugueses tiene repercusiones indirectas en la salud comercial de Venecia. De hecho, su comercio se basa esencialmente en las especias que envían comerciantes musulmanes desde Oriente. La ciudad marítima, excluida de este comercio lucrativo —con la excepción de algunos flujos provenientes del mar Rojo, que no está controlado por los portugueses—, ve caer los ingresos de su comercio. No recuperará su usufructo hasta finales de siglo.

LA CRISTIANIZACIÓN DE LA INDIA

Poco después del establecimiento de las primeras factorías, las órdenes mendicantes de la Iglesia católica desembarcan en la India. Franciscanos, dominicos, agustinos y jesuitas tienen la misión de evangelizar a la población local, un deber que la corona portuguesa debe lograr junto con la Iglesia, pero que se delega a sus órdenes religiosas. La más activa de éstas es la Compañía de Jesús, de la que cabe destacar su representante desde 1548, san Francisco Javier (1506-1552). Apodado «el Apóstol de las Indias», este último es considerado el gran misionero jesuita en Asia que, hasta su muerte, no cesó de predicar el Evangelio en diversas regiones como Japón, China y la India.

En la segunda mitad del siglo, Goa se convierte en el centro neurálgico del catolicismo al albergar los edificios religiosos de las cuatro órdenes. Descrita como «Roma de Oriente», se convierte en el centro de la primera archidiócesis creada en Asia.

UN NUEVO CONOCIMIENTO DEL MUNDO

Poco después de establecer la ruta marítima hacia el océano Índico, los portugueses descubren Brasil (1500) y empiezan a explorar Japón en el siglo XVI. Para continuar con su exploración de esta parte del mundo, los portugueses sienten la necesidad de obtener nuevas herramientas para hacer que su expedición sea más fácil. Por consiguiente, los cartógrafos deciden situar en mapas los nuevos descubrimientos portugueses. El mejor ejemplo es el planisferio de Cantino (1502) que resume los conocimientos adquiridos durante los primeros viajes hacia Oriente: en él están representados Brasil, todo el continente africano, la India y las Indias Orientales. Este mapa, de un valor inestimable en esa época, se exhibe en la *Casa da Mina da Índia* en Lisboa y un espía italiano lo copia para llevarlo a Italia, donde proporciona un conocimiento muy valioso sobre el estado del mundo.

- 23 -

EN RESUMEN

- Vasco de Gama nace entre 1460 y 1469 en Sines, Portugal.
- En 1497, la corona portuguesa lo elige para encabezar una expedición con el objetivo de descubrir una ruta marítima que conduzca a las Indias.

- El 8 de julio, sale del estuario del Tajo con cuatro navíos. Bordea África, llega al cabo de Buena Esperanza y a continuación asciende por la costa oriental de África. La expedición llega a varias ciudades-estado que algunas veces se muestran hostiles hacia los viajeros. La tripulación finalmente alcanza Calicut en mayo de 1498. Aunque las relaciones con el jefe local son tensas, obtienen las especias codiciadas, pero no se encuentran con los cristianos que esperaban.

- Puesto que su empresa ha sido un gran éxito, de Gama es elegido de nuevo por el rey para llevar a cabo una nueva expedición, esta vez con el objetivo de expandir el dominio portugués en Calicut.

- De Gama sale esta vez el 10 de febrero de 1502 y logra implantarse en África oriental y en la India, además de conseguir eliminar una parte de la competencia de los comerciantes musulmanes. Para lograrlo, el explorador no duda en utilizar la fuerza, lo que hace que caiga en desgracia y no vuelva a presentarse ante la Corte hasta el final de los años 1510.

- Su tercer viaje a la India tiene como objetivo defender los intereses de la Corona. Nombrado virrey, recibe la misión de acabar con la corrupción y proteger las factorías. En efecto, las reformas que se ponen en marcha provocan entre los colonos un profundo malestar con el que hay que acabar.

- Tres meses después de su llegada, Vasco de Gama muere en Cochín tras haber contraído la malaria.

- El *Estado da Índia*, fundado en los principios de la talasocracia, se construye en el perímetro del océano Índico con factorías y fuertes. Los musulmanes no pueden competir con el despliegue de los portugueses, por lo que poco a poco son excluidos del comercio de especias.

- Con la llegada de los portugueses a Asia, la situación geopolítica de esta parte del mundo cambia radicalmente. Algunos estados o ciudades-estado africanos y asiáticos ven una oportunidad en el hecho de aliarse con ellos para tomar la delantera en sus reivindicaciones a nivel local o, por el contrario, para intentar perjudicar los intereses portugueses.

- Asimismo, esta vía marítima abre la puerta a las misiones de evangelización emprendidas por las diversas órdenes religiosas de la Iglesia cristiana. A partir de 1510, algunos misioneros llegan a Asia para evangelizar a las poblaciones locales. A mediados del siglo XVI, Goa se convierte en una archidiócesis donde se concentran las cuatro órdenes religiosas.

¡Tu opinión nos interesa!
¡Deja un comentario en la página web de tu librería en línea,
y comparte tus favoritos en las redes sociales!

PARA IR MÁS ALLÁ

FUENTES BIBLIOGRÁFICAS

- Astier, Alexandre. 2010. *Histoire de l'Inde*. París: Eyrolles.
- Didier, Hugues. 2005. *Découvertes de l'Inde: de Vasco de Gama à Lord Mountbatten*. París: Kailash Éditions.
- Disney, Anthony R. 2009. *A History of Portugal and the Portuguese Empire. From Beginnings to 1807*. Cambridge: Cambridge University Press.
- Elbi, Martin y Ivana Elbi. 2007. "Vasco Da Gama". En *World Exploration*, vol. 1, 341-342. Oxford: Oxford University Press.
- Fritze, Ronald H. 2005. "Gama, Vasco Da". En *The Renaissance & Early Modern Era. 1454-1600*, tomo 1, 365-368. Ipswich: Salem Press.
- Grimbli, Shona. 2001. *Atlas of Exploration*. Londres: Fitzroy Dearborn Publishers.
- Labourdette, Jean-François. 2000. *Histoire du Portugal*. París: Fayard.
- Virmani, Arundhati. 2012. *Atlas historique de l'Inde*. París: Autrement.

FUENTES ICONOGRÁFICAS

- Retrato de Vasco de Gama por Antoine Maurin, *c.* 1835. La imagen reproducida está libre de derechos.
- *Vasco de Gama ante el zamorín de Calicut*, cuadro de Veloso Salgado, 1898. La imagen reproducida está libre de derechos.
- *Manuel I confía a Vasco de Gama el encargo de descubrir*

la India, grabado de Mauricio José do Carmo Sendim, *c.* 1839. © National Library of Portugal.
- *Vasco de Gama recibido por el zamorín Samutiri Manavikraman*, grabado de Mauricio José do Carmo Sendim, *c.* 1839. © National Library of Portugal.

LITERATURA

- Camões, Luís. 1572. *Os Lusíadas*. Lisboa: Antonio Gonçalves.

DOCUMENTAL

- *Dans le sillage de Vasco de Gama*. Documental de Alain Dayan. Francia, 2004.